비켜선 바람아!

윤주동 제7 시조집

청옥

비켜선 바람아!

책 머리에 • • •

   오랜만에 책을 출판하기로 결심을 하고 책상 앞에 앉았다.

   책을 한 권씩 출판해 갈수록 자꾸만 부담이 되면서 움츠려드는 느낌이드는 것은 이 책을 읽어보는 독자분들께서 이 책 내용을 보면서 나를 어떻게 평가 할 것 인가를 생각하면 일보의 전진이 정말 어려운 일이라는 것을 느껴왔기 때문일 것이다.

   산고產苦의 아픔을 겪는 것은 잠깐의 일이지만 한 권으로 만들어진 책은 두고두고 읽어야 할 것이기에 더욱더 그러하다. 고요가 잠식하는 어두운 밤은 오고야 만 것인가 어김없이 동해선 철로 위를 달리는 열차가 지쳐서 괴로움을 내뱉으며 지나간다. 아주 조용히 귀 기울여야 지나는 열차의 소리를 들을 수 있다. 가까스로 들을 수 있을 만큼 정말 어쩌다가 또는 우연히 들을 수 있는 아주 귀한 소리일 수도 있다.

   오늘을 마무리해야 하는 깊은 밤을 나는 헤엄을 쳐 가야 한다. 그리고는 생산의 리듬을 따라 원고의 분량을 채워가야 하는 것이다.

비켜선 바람아!

누구든 잘 가라고 훤하게 열어주고
두 손을 모으면서 무탈을 빌어주며
비켜선 그 발걸음이 성스러워 보이네

가야할 머나먼 길 까마득 천리건만
밤새 불던 된바람에 이 길을 닦아놓고
내 발길
지나기만을
기다리며 섰구나

오늘이 지나가면 만날 일 없는데도
내 손을 잡아주며 용기를 주는구나
나아갈
나의 앞길이
만사형통 하겠네

목 차

▎책 머리에 • 4
▎비켜선 바람아! • 5

제1부 표리부동 表裏不同

15 • 표리부동
17 • 거리 두기
19 • 나이테
21 • 노랑꽃창포
23 • 백팔 번뇌百八煩惱
25 • 단풍 이야기
27 • 불자佛者들
29 • 꿈꾸는 선비
31 • 가야伽倻
33 • 가야의 영토領土

16 • 수주대토守株待兎
18 • 가야伽倻의 꿈
20 • 불심佛心
22 • 부처의 길
24 • 꽃무릇
26 • 샘[泉]에서 태어난 파도
28 • 마스크
30 • 난세亂世
32 • 수행修行
34 • 옛 생각

제2부 사랑의 끈

37 • 사랑의 끈
38 • 가야의 멸망
39 • 울 엄마
40 • 김해 찬가讚歌
41 • 녹슨 철길
42 • 초로初老
43 • 가야의 자연
44 • 금관가야金官伽倻
45 • 코로나 명절
46 • 콩나물
47 • 파도와 고래
48 • 코로나 찬가讚歌
49 • 세월에 묻힌 남명南冥
50 • 아낙군수郡守
51 • 노루귀꽃
52 • 코로나19 예방

제3부 기도祈禱

55 • 기도祈禱
56 • 불시착不時着
57 • 코로나백신 접종
58 • 사충신四忠臣
59 • 엉겅퀴 꽃
60 • 코로나 입마개
61 • 사충단四忠壇
62 • 샘[泉]으로 돌아오다
63 • 코로나 주먹
64 • 선비의 붓
65 • 아! 임이여
66 • 호박꽃
67 • 여한가餘恨歌
68 • 철갑장송鐵甲長松
69 • 도깨비부채
70 • 한탄강 나그네
71 • 판문점 저 비둘기

제4부 질렀다

75 • 질렀다
77 • 우수雨水
79 • 해국海菊
81 • 초로初老의 계절
83 • 갈매기 넋두리
85 • 갑질 행진行進
87 • 해당화海棠花
89 • 믿음의 길
91 • 코로나19
93 • 뱃고동의 외침
95 • 설중매雪中梅
97 • 모태母胎의 힘
99 • 세월 별곡別曲
101 • 5일 장날

76 • 한탄강아!
78 • 한탄강주상절리길
80 • 돌아오지 않는 것
82 • 세 대신大臣
84 • 춘화春花
86 • 꿈에서 꿈으로
88 • 대망태기
90 • 말 한마디
92 • 백팔배
94 • 늦은 가을
96 • 세월歲月 낚기
98 • 달님의 요요병
100 • 수행修行 길
102 • 십이령 바지게꾼

제5부 척하며 살다

105 • 척하며 살다
107 • 부추김치
109 • 엄마 등대
111 • 이유를 말하다
113 • 재건축再建築
115 • 침묵沈默
117 • 피고지다
119 • 바다에서 살다
121 • 외모外貌
123 • 장락 나루터
125 • 한가을 밤
127 • 해님 달님

106 • 아! 임의 길
108 • 아픔을 딛고
110 • 인연因緣의 끈
112 • 유비무환有備無患
114 • 판문점 흑비둘기
116 • 한심寒心
118 • 끝없는 꿈
120 • 부처
122 • 한탄강에서
124 • 오장칠부
126 • 한탄강 재두루미
128 • 환생還生

129 • **해설**| 일곱 번째 고행 비켜선 바람아 / 이석락

제1부

표表
리裏
부不
동同

표리부동*

비우자 비워가자 말들을 하면서도
욕심으로 채워가는 우리의 삶이더라
날마다 기도하면서 불행不行하는 부처 말씀

남에게 비교하면 내 모습 초라하여
가지지 못한 것을 탐내기에 바쁘지만
가끔씩 불전에 나가 감응납수** 꿈꾼다

비웠다 말하면서 가진 걸 자랑하며
복권은 매 주마다 사들고 귀가한다
그래도
관세음보살***
통곡하듯 외친다

---

* 표리부동表裏不同: 겉으로 드러나는 언행과 속으로 가지는 생각이 다름.
* 감응납수感應納受: 불심佛心에 부처가 응답함으로써 부처와 중생이 긴밀히 맺어지는 일.
** 觀世音菩薩: 아미타불의 왼편에서 교화를 돕는 보살. 사보살의 하나이다. 세상의 소리를 들어 알 수 있는 보살이므로 중생이 고통 가운데 열심히 이 이름을 외면 도움을 받게 된다.

수주대토守株待兔*

금강좌** 찾으려고 사방을 살피다가
보리수 그늘 아래 눈감고 누워봤다
아무리 생각을 해도 집 떠나선 못 살겠다

집에서 해탈하기 이리도 어려운가
먼 길을 헤매다가 불전佛殿에 기도한다
밤마다 꿈을 꾸면서 연꽃송이 피운다

불 꺼진 방에 앉아 어렴풋이 만난 사람
꿈인가 생시인가 분명히 부처 모습
기도가
서역에 닿았나
하늘 높이 뛰고 싶다

* 수주대토 : 한 가지 일에만 얽매여 발전을 모르는 어리석은 사람을 비유적으로 이르는 말.
** 금강좌金剛座 : 석가모니가 보리수 밑에서 도를 닦을 때 앉았던 자리.

거리 두기

이웃 간 거리 두어
코로나 예방하자

이해는 하면서도
딴전만 피우다가

저 기침
코로나인가
몸이 먼저 피한다

가야伽倻의 꿈

구지봉 정상에서
제사를 지내던 때

아홉의 추장앞에
육란 함 내려왔네

김수로
천강육란 중
맏형으로 태어났네

태백산 줄기 따라 펼쳐진 평야 위에
하늘의 도움으로 가락국 건국하고
명命받은
천강육란六卵이
육 가야를 지켰네

나이테

새기는 나이테가 어쩌다 일그러지면
북풍이 닿는 쪽에 옷 한 벌 더 입는다
옷이야 많이 있지만 햇살 한 번 받고 싶다

고목의 등껍질은 나이테 감싸주고
잔가지 함께 모여 바람막이 되어주며
지난 생
적은 일기장
나이테에 숨긴다

날이면 온도 따라 등고선 그려내며
추위에 움츠리고 더위에 가슴 편다
뿌리로
먹은 나이를
나이테로 토한다

불심佛心

굽이져 오르는 길 영축산 허리 감고
부처님 찾는 마음 불심을 새겨 갈 때
통도사 염불소리가 나의 발길 이끈다

가난에 찌든 몸을 불경에 의탁하여
재산도 모아보고 자선도 하였지만
아직도
마음속 추위
잦아들 줄 모르네

부처님 되는 일도 보살님 되는 일도
중생을 환난에서 구제해 주려는 뜻
이제는
성불욕심 접고
이웃 사랑 하리라

노랑꽃창포

개울을 건너려고
속치마 둘러썼나

지나던 길손들이
내외를 하는구나

여봐요
당신들 위해
개울 청소 중이요

부처의 길

통도사 목탁 소리
새들의 노래되어

영축산 계곡 따라
물 되어 흘러간다

부처님
가사장삼도
불영佛影으로 내린다.

인생길 뒤따르는 굴곡진 산길 따라
중생들 발길마다 통도사 찾아간다
너와 나
부쳐 되려는
욕심부터 앞세우나

백팔 번뇌 百八煩惱

육근六根*에 삼수三受**를 곱하여 18번뇌
탐食함과 무탐無食으로 나누어 36번뇌
전생前生에
쌓은 업보業報를
씻지 못한 그 과오過誤

염주念珠의 한 알마다 불자의 공덕실어
목탁 치며 외워가는 한 마디 염불소리
금생今生에 반면교사로 삼아가는 전생 삶

쌓이는 눈덩이도 녹이면 물이 되듯
가슴에 불을 지펴 녹여가는 번뇌덩이
내생來生을 부처님 전에 기원祈願하는 간절함

---

* 육식六識을 낳는 눈[眼識], 귀[耳識], 코[鼻識], 혀[舌識], 몸[身識], 뜻[意識]의 여섯 가지 근원.
** 과보果報에 대하여 느끼는 세 가지 느낌. 괴로움을 느끼는 고수苦受, 즐거움을 느끼는 낙수樂受, 괴롭지도 즐겁지도 않은 불고불락수不苦不樂受.

꽃무릇

한몸에 묶어두고 못 보게 막는 것은
그 누가 질투를 한 장난이 분명하다
차라리 멀리 뒀으면 달려가서 만날 걸

꽃 지고 잎이 피는 외로움 알면서도
해마다 돌아와서 봄소식 전하는 건
누구의
생각이었나
꽃이라서 그랬나

눈 흘길 일도 없고 다툴 일 없다면서
금슬을 자랑하는 이웃집 순이 엄마
못 보고
사는 부부를
이해하려 하겠나

단풍 이야기

장미가 시샘하는
그대를 곁에 두고

바라보고 바라보는
단풍에 물들은 나

그대가
오월이라면
지켜보는 난 시월

샘[泉]에서 태어난 파도

샘에서 태어나서 강 끝이 궁금했다
넓은 곳 찾아 나선 발길 끝 낯선 타향
태어난
그 샘에서는
순한 양을 보았다

타향의 외로움을 친구로 달래려고
바람을 흉내 내며 칼춤도 추어봤다
태풍을
따르기에는
허락 않는 내 양심

끝없는 망망대해 내 살 곳 못 되더라
고향하늘 바라보며 밤마다 편지 썼다
무엇을
움켜쥐어도
고향만은 못 잊었다

불자佛者들

길 잃은 새 한 마리
석양에 날아들 때

통도사 처마 끝에
퍼지는 염불 소리

새하얀
연꽃송이들
가피加被속에 피었네

따뜻한 가슴으로 아침을 내주어도
물음만 가득하여 헤매는 사바세계
저마다
내딛는 발길
통도사를 찾는다

마스크

감염병 무서워서
마스크로 만난 사람

코로나 물러가면
내 얼굴 알아볼까

신분을
숨기는 것은
코로나도 마찬가지

꿈꾸는 선비

백지에 사군자를 힘겹게 모셔놓고
몰라보게 곱게 그린 실물 같은 기명절지*
선비들 함께 모여서 교류하며 잔치하네

뒷산의 기암괴석 옮기기 힘에 겨워
새하얀 화선지에 조심히 놓고 보니
수반에
놀던 수석도
충효 예절 지키네

글과 그림 붓끝에서 말없이 춤을 추고
선현들 삼강오륜三綱五倫 이 땅에 세우잔다
선비는
잠꼬대로도
인의예지仁義禮智 나온다

* 기명절지器皿折枝 : 여러 가지 그릇과 꽃가지, 과일 따위를 섞어서 그린 그림.

난세亂世

이념이 사람 잡고 관념이 현실 가려
혼란이 판을 치면 참 세상 알길 없고
관리는 혹세무민으로 표밭에만 눈 멀다

권력은 이 난세를 마음껏 즐기는데
진실은 민초에게 과분한 이상인가
여름철
어물전 좌판 위
상해버린 생선 신세

눈으로 보아오고 피부로 느끼고도
침묵으로 살기에는 너무나 과중하여
용마루
걸터앉아서
낚싯대를 던지는 격

가야 伽倻

12개의 작은 나라
통합해 세운 왕국

대, 소가야 아라가야
성산가야 고령가야

김해의
금관가야와
6개 왕국 생겨났다

낙동강 중, 하류에 자리를 잡아가다
스스로 쇠락하여 신라에 흡수되어
신라의
문화발전에
큰 영향을 주었다

수행修行

진정한 깨달음 뒤
과거를 씻으려면

수행은 더뎌지고
불성佛性은 쌓이더라

불심을
찾아가는 선禪
돈오점수頓悟漸修 새긴다

가야의 영토領土

낙동강 서쪽 지류 황강과 남강유역
소백산맥 서부지역 덕유산 지리산인
영남의 서남쪽 절반 가야국의 근거지

낙동강 동쪽 지류 가지산 비슬산이
둘러싸인 지역까지 더 넓게 차지했던
영역의
김해가야국
중심이 된 전기가야

소백산맥 서쪽으로 호남정맥 경계삼고
금강 상류 노령산맥 이남인 섬진강유역
광양만
순천만 일대
호남동부 후기가야

옛 생각

포플러 심어놓고
키 재던 어린 시절

그리운 내 고향이
멀리서 다가온다

그리운
얼굴 얼굴들
무엇하고 있을까

제2부

사랑의 끈

사랑의 끈

이른 점심 먹고 나서 붕어의 배를 땄다
요양원 어머니의 오늘 저녁 반찬이다
유달리 좋아하시는 붕어찌개 씨래기

오늘도 봄 개울에 붕어낚시 열심이다
목덜미 스쳐가는 애교 같은 간들바람
물결에
내 어머니의
진한 미소 흐른다

아들은 몰라봐도 붕어찌개 알아낸다
계절은 못 느껴도 옛 맛은 알고 있다
어머니
바람 불어도
촛불만은 지켜가요

가야의 멸망

이사부 2만 군대 공격을 못 막았고
화랑의 사다함 기병대 기습 공격
소국들 서로의 견제 대등했던 전투력

신라가 고구려의 광개토왕 군대 들여
김해 지방 공격하고 가야 발전 감시하여
기세의
맥을 끊어서
가야 연맹 무너졌다

가야 연맹 독립성이 중앙 집권 막았고
긴급한 대외 문제 연맹 간 의견 분분
해결책
꾸물대다가
긴급 대처 못 했다

울 엄마

꿈속에 꿈을 꾸네
달님 된 임의 얼굴

아침에 깨어나니
간데없는 임의 얼굴

달 뜨니
임의 얼굴이
보름달을 덮었네

김해 찬가讚歌

가야국 옛터에 선
김해가 아름다워

만나는 사람마다
사랑이 꽃피는 곳

끝없는
신의 축복으로
다정하게 살아갈 곳

구지봉 꽃길 따라 사랑 꽃 피어나면
보리밭 둑길 따라 아련한 피리 소리
그 옛날
손에 손잡고
사랑 찾던 노래 가락

녹슨 철길

원한의 70여 년 그 세월 얼마인가
눈뜨고 가신 임들 고향은 못 잊었다
통일을 노래한 지가 하루 이틀 되었나

끊어진 철길마다 핏빛으로 물이 들고
돋아난 잡초들이 무엇을 알겠나만
바람결
한탄강 갈대
통일노래 가르친다

녹이 슨 철길 위로 꿈 싣고 달릴 철마
얼마나 기다리면 볼 수가 있으려나
죽기 전
보고 싶은 게
소원 중에 소원이다

초로初老

곱게도 물든 단풍
혹시나 벌레 낄까

흔드는 바람결에
못 견뎌 낙엽 될까

오늘도
부는 바람에
조심조심 또 조심

가야의 자연

낙동 강변 해안 따라 분지 모양 평야 발달
곳곳에 나지막한 지맥이 뻗어있어
광활한 평원 자체는 존재하지 않았다

낙동강 하류 역인 경상남도 해안 지대
남강 황강 상류 지역 경상 내륙 산간 지대
지리적 조건에 따라 나눌 수가 있었다

합천 고령 성주 등의 중류 지역 양호하고
산청 함양 거창 등의 산간 지역 좋은 편의
농업의 입지 조건을 잘 갖추고 있었다

질 좋은 철광산과 양호한 수상 교통
낙동강 가 발전하고 바다 건너 문물 교역
가야국 제강 기술은 일본 문명 앞당겼다

금관가야 金官伽倻

김해의 가야 세력 전기 가야 대표나라
가야시대 대가락大駕洛과 가락으로 불리었다
구야국狗邪國 변한 소국으로 구야한국 되었다.

김해를 중심으로 청동기 소유하고
인근의 소집단들 정치적 통합 진행
삼국지
구야국 성립
소국 중에 중심되다.

낙동강 하류의 삼각주에 자리 잡아
농업이 발달했고 남쪽으로 바다 접해
수운이
편리하여서
경제 문화 발전했다

코로나 명절

명절이 돌아 와도
못 오는 자식들을

마음은 기다리고
말로는 괜찮단다

그 정이
멀어져 가면
언제다시 돌아오나

콩나물

외발로 살아오며 초록 꿈 펼쳤는데
날 새는 시장바닥 시루에 갇혀있네
어느 집 식탁 위에서 누구 입맛 돋울까

온종일 검정 비닐 뒤집어 쓴 무아지경
돈오돈수* 이루려고 고개 숙인 참선 중에
사랑이
무엇인지도
절실하게 느꼈다

인간이 부러워서 가끔은 꿈을 꿔도
나처럼 부처 꿈을 가진 이 별 없더라
일찍이 부처께서는 실유불성** 이라했다

---

* 돈오돈수頓悟頓修 : 오悟와 수修를 한 순간에 모두 완성하는 것. 한 번에 깨닫는 것을 말한다.
** 실유불성悉有佛性 : 모든 인간은 누구나 부처가 될 수 있다.

파도와 고래

저 바다 헤엄치는 파도의 비늘 속에
상어가 자라나고 고래도 숨어있다
파도엔 색깔이 있어 조각마다 다르다

갈매기 갈퀴에 찢겨 하얀 피 솟아나면
고래가 꼬리를 펴 상처를 감싸준다
해, 달은
파도를 타면
산산조각 나버린다

포말을 마셔가며 헤엄치는 고래들은
파도의 푸른 등을 엄마처럼 좋아한다
윤슬이
눈부실 때면
잠수하여 피한다

코로나 찬가讚歌

질병청 안내받아
마스크 예방접종

손 소독 거리두기
손 씻기 열심이다

언제나
함께한 감기
접근조차 못 한다

세월에 묻힌 남명南冥

켜켜이 쌓인 세월 벗기고 또 벗겨도
깊은 곳 깃든 속을 벗기지 못 했는데
참 그늘 쉬어가는 곳 하늘 울이 감싸네

흐르는 바람결에 잔가지 보내주고
맨몸에 버틴 세월 고목이 되었지만
나이테
새긴 세월은
베기 전에 모르리

계곡을 거쳐 온 물 큰 강에 합쳐져도
흐르는 긴 세월에 먼지도 앉았는데
기수역汽水域
다다르기 전
씻겨지면 좋겠네

아낙군수郡守*

반짇고리 곁에 두고
한 땀 한 땀 수를 놓는

아낙의 손길 따라
학 한 마리 높이 날고

시냇가
소나무 위로
휘영청이 달이 뜬다

떠나간 그 사람은 소식조차 없는데
미움으로 채워가나 사랑으로 채워가나
남몰래
눈물 지을 때
까만 밤이 따라 운다

* 늘 집 안에만 있는 사람을 놀림조로 이르는 말.

노루귀꽃

지나는 새소리에 노루귀 쫑긋쫑긋
스치는 바람결에 움츠린 고운 자태
오가는 벌 나비들을 유혹하는 한나절

갈 곳이 많다 해도 막상은 갈데없다
아껴둔 고운 향기 길목마다 뿌려놓고
한 마리
노루가 되어
벌 나비를 부른다

추위에 떨던 나무 새잎이 돋아나니
덩달아 고개 내민 어여쁜 꽃송이들
눈 녹인
봄의 기운이
세상 문을 열었다

코로나19 예방

감염병 예방위해
거리두기 하자 해서

명절이 다가와도
고향도 못 찾는다

산위의
조상님들은
어느 누가 보살피나

제3부

기祈도禱

기도 祈禱

영축산 모퉁이에 비치는 불영佛影따라
중생들 가슴마다 파고드는 불경 소리
통도사 개울 따라서 물소리로 흐른다

불전에 기도하고 탑돌이에 싣는 마음
중생들 부귀영화 진실한 바람인데
어디서
잘 못 풀었나
꼬여가는 실타래

경내에 드는 발길 반기는 풍경 소리
백팔 배 정성이면 모두라 생각해도
넌지시
건넨 가피加被를
불자들도 모르네

불시착 不時着

잠자리 한 마리가 곤두박질 쳐 내려와
손끝에 매달려서 굉음을 내뱉는다
아무리 생각 해봐도 명을 다한 몸부림

조금 전 짝을 지어 하트문양 만들어서
자랑삼아 지나치던 그놈이 분명하다
그 사랑
종착역에서
번식까지 끝냈나

청춘은 오는 노년 바라지 않지마는
세월의 바람 앞에 등불 같은 삶이기에
피하려
발버둥쳐도
오고 마는 운명인 걸

코로나백신 접종

망나니 그 칼끝이
팔뚝을 스쳐가니

움츠린 노인들이
한숨을 내어쉰다

그래도
백의천사白衣天使로
미소짓는 망나니

사충신四忠臣

진남문 사수하던 송빈의 최후 명령
우리는 죽음으로 이 성城을 지켜야한다
고인돌 죽음의 전장 순절암이 지킨다

공진문 사수하던 이대형의 최후 외침
나라가 위급하니 나라 위해 죽을 것이다
임진란 최초 의병장 김해성에 건 목숨

해서문 사수하던 류식의 최후 각오
내 어찌 앉은 채로 망하길 기다리랴
그날에 세운 전공을 류공정이 지켜 섰네

해동문 사수하던 김득기 최후 전투
외장인 구로다의 공격에 패했지만
나흘의 김해성 전투 영남관문 지켰네

엉겅퀴 꽃

세상에 왔던 참에
남길 일 찾고 있나

손에 쥔 그 붓으로
무슨 그림 그리려나

아무리
잘 그려본들
네 모습만 하겠나.

세월을 품어가다 실망도 해왔기에
틈새에 너도 몰래 가시가 돋아났나.
때로는
그림판까지
아깝게도 찢겠다

코로나 입마개

짐승이 농작물에
입대면 마개 한다

사람은 무슨 일로
입마개 하라하나

뉘우쳐
반성해 봐도
도대체 알 수 없네

사충단四忠壇

국가는 민초들의 반석 위 우뚝 서고
원수元首는 민초들을 주인으로 받듦으로
나라가 굳건히 서고 무궁발전 하리라

최초의 의병장인 사충신 죽음 뒤에
외침을 막아내는 힘까지 생겨났고
나라를
잃어버리는
비참함은 면했다

나라를 지키려고 죽음을 각오하는
용감한 의병장들 민초를 감동시켜
사충신
그 뜻을 기려
우뚝 세운 사충단

샘[泉]으로 돌아오다

저 바다 헤엄치는 등 푸른 파도들도
기수역* 다다라서 비늘을 길렀기에
새하얀 포말 속마다 백수白水 기운 들었다

수심이 깊을수록 조용하다 말하지만
역풍을 만날 때면 청룡도 휘두른다
태어난 그 샘에서는 부처님이었거늘

시서詩書를 벗 삼아서 타향에 몸 두어도
봇짐 진 나그네는 언제나 수구초심首丘初心
떠났던
그 맑은 샘물
고향만은 찾았다

* 기수역汽水域 : 강어귀와 같이 민물과 바닷물이 서로 섞이는 구역

코로나 주먹

자주 만나 정들까 봐
거리를 두라하고

정담을 나눌까 봐
입마저 막으라나

이제는
주먹으로만
인사하라 말하네

선비의 붓

깊은 산 바윗돌도 붓 끝에서 총칼 되니
한 자루 붓이 있어 두려움 없으리라
선비여 휘둘러가라 천군만마 따로없다

서쪽에 지는 해도 동쪽을 불태웠다
젊음이 제자리에 머물 길 바라는가
선비여
거경집의居敬執義로
닦은 길도 천리라네

세상사 복잡해도 헤쳐 가며 걸어 온길
한 번씩 돌아보면 후회도 있겠지만
선비여
두려워마라
붓 한 자루 있잖은가

아! 임이여

세월이 열어 놓은 그 길을 몰랐기에
임께서 하신말씀 한 귀로 흘렸는데
이제야 따라야 하는 그 까닭을 알겠네

남보다 뒤처진 채 다람쥐 쳇바퀴로
과거 속 머무르며 살아온 지난날들
성인聖人의
간곡한 부탁
느낄 수가 없었네

임이 놓은 주춧돌에 어떤 집 지어볼까
임께서 꿈꾸시던 그런 집 지어지랴
허무한
세월 속으로
묻혀 가신 임이여

호박꽃

높은 곳 올라서야
큰 자식 얻는 건가

저 높은 담장까지
힘들여 넘어섰다

꽃 하나
피우기 위해
무릎까지 까졌다

여한가餘恨歌

남편은 살림살이 돌본 적 한 번 없고
생과부 설음 속에 한 가정 지켰는데
내다본 세월인데도 돌아보니 허무하네

토끼 같은 자식들을 삼남매 고루 낳아
몸 바쳐 지극정성 뒷바라지 하였건만
타버린
이내 심정을
알아줄 이 없구나

이제 와 남은세월 뭘 할까 둘러봐도
늙고 지친 이 몸으로 내 할 일 없다하네
자식 셋
있다고 한들
이내 마음 알아줄까

철갑장송鐵甲長松

강풍을 견뎌내는 무적의 장송되어
남풍을 막아내어 외로운 임 지켰네
그 바람
또 불어와도
남명 선생 못 이긴다

불 밝혀 북향재배北向再拜
긴 밤을 지새울 때

성성자 방울마저
깨어나 울었지만

임 향한
충성심까지
어느 누가 알리오

도깨비부채

이쪽 별 저쪽 별들
모여 들어 부채됐네

저 부채 흔들 때는
찬바람 모여 들지

도깨비
불러 올 테다
복더위야 물러가라

한탄강 나그네

새들은 짝을 지어 보금자리 찾아날고
노을에 타는 구름 돛대에 매달릴 때
봇짐 진 나그네 하나 나룻배를 부른다

강 건너 집집마다 굴뚝에 피는 연기
새하얀 천사되어 나그네에 손짓하고
고향을
찾은 나그네
눈시울이 뜨겁다

타향에 정 붙여도 한탄강 못 있었나
봇짐에 한가득히 그리움 담겨있네
옮기는
발자국마다
부모형제 그림자

판문점 저 비둘기

두 정상 함께 심은 나무 위 저 비둘기
오늘도 변함없이 화합노래 불러주네
한마음 꽃필 봄날은 어디쯤에 오고 있나

견뎠던 비바람이 눈보라 되어 와도
꿋꿋한 저 소나무 얼마든지 견디는데
오는 봄
보이지 않고
소리만은 요란하다

비둘기 노래 소리 하늘에 메아리로
오늘도 어제처럼 자꾸만 퍼지는데
남북이
통일 아리랑
부를 날도 오겠지

제4부

질렀다

질렀다

세상을 살아가며 한 가지 목표쯤은
세우고 살자 기에 질렀다 겁도 없이
나 이제 술, 담배 끊고 목숨 하나 붙든다

열심히 운동하여 건강히 잘 살자는
충고에 못 견뎌서 질렀다 용기 내어
골프채 골라서 쥐니 제일 비싼 골동품

세계화 시대라서 영어는 필수란다
공부를 한다면서 질렀다 미쿡* 샀다
그 책이
데리고 온 잠
눈 못 뜨고 누웠다

* 미쿡 : 스토리를 품은 영어회화책 이름.

한탄강아!

추가령에 발원하여 임진강 찾는 길에
듣고 온 북의 소식 가슴에 심었기에
한限 여울
되어버린 채
남쪽으로 향해가나

오는 길 아름다운 재인폭포 직탕폭포
고석정 순담계곡 비둘기낭 폭포 거쳐
절경의 340리길을 발밤발밤 왔느냐

우리나라 어느 곳이 이보다 더 좋을까
강 길에 기암절벽 열린 입 못 다문다
명물인
주상절리 길
북한동포 보여주자

우수雨水

하얀 눈 천사들이
검은 땅 감싸더니

온몸에 힘이 다해
눈석임물 되었는가

새 옷에
나선 임 마중
진흙탕이 막아서네

한탄강주상절리길

암벽 새 수직 이룬 아슬아슬 벼랑길에
기대선 주상절리 껴안은 하늘과 땅
흘러온 지난 세월을 자랑하는 아귀바위

병풍에 그려놓은 수묵화 바위들도
품은 세월 얼마기에 조각조각 떨어졌나
북에도
소문났겠네
철새들이 보고 갔다

굽이쳐 흘러가는 한탄강 물줄기도
새롭게 단장을 한 트래킹 길 따라간다
철길도
연결해놓고
남북동포 함께 놀자

해국海菊

세월이 흘러가면 꽃은 다시 피어나도
지난날 떠난 사람 돌아올 줄 모르는데
바위틈 피어난 해국 사랑가를 부르네

갈매기 울음소리 바닷길 퍼져갈 때
이별가 불러주던 연락선도 울었는데
세월도
저 바위보다
더 무겁게 흘렀네

남몰래 피어나서 분단장 곱게 하고
향기를 피운 해국 누굴 향해 손짓하나
그 사람
추억까지도
다 가진 채 떠났는데

돌아오지 않는 것

아쉽게 떠난 뒤에
돌아오지 않는 것은

입 밖으로 나온 말과
시위 떠난 화살이다

떠난 것
내 뜻과는 달리
종착역을 향한다

생에서 한 번 가면 다시 오지 않는 것은
흘러간 그 세월과 놓쳐버린 기회란다
어정쩡
보낸 하루가
후회되어 돌아온다

초로初老의 계절

이팔청춘 화창한 봄
촘촘하던 머리 숲에

헬리콥터 착륙장이
슬그머니 생기더니

이제는
계절도 없이
흰 눈발만 내려앉네

세 대신大臣

이룩한 장원급제 기쁨도 잠깐이고
숨겨진 마음속에 자라는 고뇌들은
대장부 용감타 해도 어쩔 수가 없었네

배에서 처를 잃고 돌아온 김 선비와
등청일 소박하여 처를 잃은 박 선비
모정을
올바로 못 읽어
어미 잃은 이 선비

세 대신 하나같이 남몰래 자리하는
애틋한 사연들에 미소를 잃었기에
속마음
깊이 묻은 채
가슴으로 울었네

갈매기 넋두리

밀리는 파도마다 윤슬이 일어나고
갈매기 넋두리가 귓전에 맴을 돈다
사냥한
먹이를 놓쳤나
뭔 소린지 알 수 없다

의좋은 갈매기들 파도를 깔고 앉아
즐기는 숨바꼭질 놀이도 잠깐이고
자꾸만 소리 지르며 쏟아내는 불평들

노랜지 고함인지 참다가 내뱉는지
누구에 불만인지 위를 향해 꾸짖는데
파도에
입맞춤하는
하늘보고 질투하나

춘화 春花

뒷다리 묻힌 가루
잃어버린 벌 한 마리

아뿔싸 돌아오니
다시는 못 오란다

새침한
저 꽃송이가
새삼스레 내외한다

갑질 행진行進

은행에 융자 내고 있는 돈 긁어모아
헌집을 구입해서 수리업자 찾아갔다
견적금 2할 정도를 이유 없이 깎았다

현장에 없는 줄자 문방구 찾아가서
승강이 하는 듯이 깎아서 사오는데
배웅한
문방구 주인
내두르는 작은 혀

저녁 때 사장님이 회식 자리 만들어서
고생했다 한 잔해라 무조건 마시란다
여직원
불러 놓고서
술 한 잔씩 따르란다

꿈에서 꿈으로

혼자는 감당 못할 큰 꿈을 그려놓고
과거에 매달린 채 나 혼자 서성인다
모두가 함께 가야할 안개 짙은 세상에

꿈길이 넘겨주는 현실은 실망인 걸
겪어서 알면서도 믿고 사는 되돌이표
못 믿어
돌아앉아도
뾰족한 수 없는데

탈바꿈 자리바꿈 모두를 돌려놔도
꿈자리 그대로고 희망도 제자리다
감은 눈
떠보려 해도
두려움이 앞서네

해당화 海棠花

섬마을 홀로 피어
기다렸던 만선 깃발

오가는 뱃머리에
그리움 녹아든다

오늘도
저녁노을에
붉게 타는 아버지 꿈

대망태기

피죽皮竹 사이 바람 흘러 담긴 풀 싱싱하고
망태 속 쇠꼴 먹고 자라던 쌍둥이 소
망태에
꼴 담는 나를
'엄마'하고 불렀다

올곧게 자라다가 태풍을 만났던가
쇠톱에 베어져서 꼬부랑 망태 됐나
그래도 마구간에서 쌍둥이 소 길러냈다

쇠꼴 베던 꼬막손이 이제는 추억 찾네
다 자란 쌍둥이 소 팔려 간지 몇 해던가
하세월
보낸 망태기
무슨 일이 남았나

믿음의 길

산사의 염불소리 새들의 노래되어
굽이진 계곡 따라 물처럼 흘러간다
꿈에 본 불영佛影일진데 현실에도 내린다

굴곡진 산길 속에 숨겨진 산사라도
앞 다퉈 찾아드는 중생들 마음마다
서로가
부처 되려는
욕심부터 앞세웠나

불전에 기도하며 정신을 갈고닦아
비워낸 마음속에 자리한 부처님이
넌지시
건넨 가피加被를
불자들도 모르네

말 한마디

입술을 떠나가던
진정한 한마디는

상대방 가슴에서
30년간 머문다네

인자한
사랑의 혀는
남의 아픔 낫게 한다

가슴에 깊이 품은 칭찬의 한마디를
입 밖에 내뱉기가 그렇게 힘들 던가
사랑의
말 한마디가
거친 삶에 힘이 된다

코로나19

온다는 소식 없고
간다는 기약 없이

어둠 속 길을 따라
살며시 다가와서

함께할
인연이라며
가짜 뉴스 펼친다

백팔배

세상살이 알쏭달쏭 비바람에 갈팡질팡
발길마다 스무고개 모두가 수수께끼
궁금증
기도에 묻고
간절함에 백팔배

불안을 떨어내고 마음을 씻어내고
새로운 삶을 위해 또 다른 꿈을 꾸며
정성을 한데 모아서 조급함에 수백 배

표정 없는 돌부처가 행여나 웃어줄까
자꾸만 살펴보며 관상학 복습하고
씻어 낼
백팔번뇌에
탑돌이에 백팔배

뱃고동의 외침

이빨을 드러내는 파도가 무서워서
먼 길을 달려오며 조바심 태웠는데
북극성
가늠하면서
갈길 묻는 나그네

새하얀 파도 속에 물 드는 흑색 바다
걸음을 재촉하며 행여나 길 잃을까
묻던 길 또 묻고, 묻고 자꾸만 묻는다

이제는 다 왔을까 바닷길 그대로다
뱃전에 기대서는 설렘을 달래가며
한 번 더
큰소리 외쳐
나아갈 길 묻는다

늦은 가을

메마른 억새풀이
바람결 머리 풀 때

철새들 맴을 돌다
새 터전 찾아가네

서로가
안타까워서
잡고 싶은 이 세월

설중매 雪中梅

태양의 품에 숨은 봄볕을 보았기에
눈 비벼 하품하며 덮인 눈 헤집다가
가끔씩
오는 설렘을
떨쳐내지 못하는가

살며시 고개 들어 봉오리 펼쳐갈 때
찐한 향 풍기면서 가시를 숨겨둠은
지난 봄 이별한 사랑 한을 품은 탓인가

오롯이 한 송이 꽃 예쁘게 피워놓고
향내를 퍼뜨려서 누구를 유혹하나
혹시나
날 불러주면
안아줄게 뜨겁게

세월歲月 낚기

저만치 가는 세월 나도 몰래 따라가며
쉼 없이 손을 뻗어 잡으려 애를 썼네
언제쯤
이 낚싯대에
입질 한 번 해줄까

낚싯대 드리우고 물고기 기다리다
내 꿈을 가져가던 세월을 낚았구나
얼마나 굶주렸기에 낚시미끼 훔쳤나

넘실대는 물결 따라 흐르는 시간 속에
낚아 낸 세월모아 한 곳에 꽁꽁 묶어
내 인생
주머니 안에
넣어두고 보리라

모태母胎의 힘

버텨 선 저 고목에 비바람 몰아쳐도
푸르고 굳건하게 흔들리지 않는 것은
모태로
유비무환을
훈련해온 결과다

역경을 이겨내며
앞으로 나아가고

풍파에 시달려도
굴하지 않는 기개氣槪

모태의
백절불굴로
일궈내는 정신력

달님의 요요병

비우면 차오르고
비우면 차오르네

아직도 못 고치는
달님의 요요병이

올해도
다시 도져서
한가위를 알리네

세월 별곡別曲

거친 손 베고 누운 세월이 부른 노래
보릿고개 넘던 고생 그리워 울먹이네
꿈에도
다시 온다면
도망치고 싶은데

육남매 지지배배 키 재던 쪽방 구석
콩나물 자라듯이 물샐 틈 없었지만
초록 꿈 가슴에 심어 키워내던 그 노래

온종일 보리타작 땀과 바꾼 간고등어
입가에 묻은 기름 소매로 닦아냈다
그 입맛
살아 있는데
간고등어 간곳없네

수행修行 길

도 닦는 발걸음이 느림보 같았기에
뻔한 길 아직까지 도달치 못 했는가
이 걸음
끝이 난 뒤에
돌아갈 길 모른 채

변해가는 세월 잡고 내 자리도 모르는 채
보이지 않는 미래 주구장천 바라보네
가끔은 믿음을 따라 산사 찾아 나선다

날마다 걷는 길이 허공 아닌 허공인가
아무리 내디뎌도 그 자리 그대로네
감은 눈
다시 뜬대도
그 자릴까 두렵네

5일 장날

다리와 날개 묶인
어미닭 울음소리

고삐 끌려 집 나서는
어미 소 울음소리

마당 개
배웅 울음이
범벅이 된 시골집

십이령 바지게꾼

금강송 길을 따라 꼬불꼬불 돌고 도는
고갯마루 성황사에 무탈과 성공 빌며
바지게 실은 꿈들은 어린자식 밥줄이네

길경이* 꿈이 넘던 그림 같은 열두 고개
새소리 물소리가 지친 발길 달래줄 때
가쁜 숨 몰아쉬면서 처자식만 떠올렸네

오늘도 어둑어둑 저무는 고갯길을
땀방울에 실어가던 가난도 함께 넘고
산어귀
배웅해주던
아내 마음 따라 넘네

* 길경이 : 질경이의 옛말.

제5부

척하며 살다

척하며 살다

생전의 덕행으로 하늘이 감동하고
이웃이 뒤따르며 모두가 칭송해도
불전에 꿇어앉아서 건성으로 기도하네

현실에 적응하며 잘 살고 있다는데
무엇이 발목잡고 눈까지 멀게 했나
넌지시
건넨 가피加被를
불자라도 모르네

자기 말 오해하여 무조건 반대해도
제 부덕 탓이라며 겸양을 떨면서도
울분을
삭이지 못해
부처보고 원망한다

아! 임의 길
– 청백리 최만리

세월이 일러주는 그 길도 몰랐는데
높으신 임의 뜻을 내 어찌 알았겠나
이제야
임의 그 길을
어렴풋이 알겠네

기아에 허덕이며 발등 불 끄기 바빠
눈앞만 바라보며 살아온 지난날들
청백리 굳은 의지를 따를 수가 없었네

임께서 남긴 자국 곁눈질로 넘겼다가
지금은 내 발길도 임 따라 가렵니다
언제나
밝은 세상을
꿈꾸시던 임이여

부추김치

풋풋한 여린 잎에
봄맞이 갖은 양념

조물조물 섞어내는
쟁반 위 아내 손맛

아, 거기
엄마모습이
새록새록 살아난다

아픔을 딛고

총 소리 멈춘 거리 탄흔만 가득한데
바빠진 일손들은 상처를 지워간다
날마다
울려 퍼지던
폭격소리 까지도

자꾸만 나던 눈물 이제는 닦아야지
조금만 더 견디면 스쳐갈 세월인 걸
과거에 매달려진 채 멈춰 서지 말기를

한없이 펼쳐지는 앞길만 바라보자
희망을 심어 놓고 새로운 꿈을 꾸자
오는 날
밝게 하는 것
하늘이 준 사명이다

엄마 등대

자식을 기다리는 부모가 그랬을까
바람 부나 비가 와도 걱정이 태산이다
외눈을
부릅뜨고서
어둠속을 밝힌다

기다림 더해가도 소식조차 감감하여
자식들 생각하다 밥 한 술 못 뜬 엄마
그랬다 초조해하며 기별만을 기다렸다

멀리서 그림자라도 나타나면 허겁지겁
자식이 좋아하는 부추잡채 안쳐놓고
얼씨구
불을 밝히며
마중까지 나간다

인연因緣의 끈

풀잎에 입 맞추고
영롱해진 이슬처럼

바람을 만나서야
노래하는 갈대처럼

인연을
엮어가고파
세상 문을 두드렸다

어제 같은 오늘 없고 오늘 같은 내일없네
바람에 밀려가면 다시 못 올 구름 한 점
눈물로
인연의 끈을
소리 없이 푼다네

이유를 말하다

돌부리 낮은 것은
발 뿌리 낚을 목적

높은 곳 나는 새는
먹이를 살피는 중

세상에
이유 없는 일
어디에나 있을까

유비무환有備無患

날개를 접은 새가 하늘을 날 수 없듯
마음을 움츠리고 해낼 일 하나 없다
용기를
앞세우는 게
우선순위 아닌가

먼 길 떠날 나그네가 짚신을 챙기는 건
갈 길을 계산 하여 만약을 대비한 것
맨발로 걸어본 자가 그 아픔을 잘 안다

동물의 왕이라서 무섭다는 호랑이도
이빨을 감추고는 먹이를 못 잡는다
우선은
이빨을 갈아야
잡을 방법 생긴다

재건축再建築

망가진 삶의 터전 오가는 설득 끝에
흩어진 마음속의 상처를 지워간다
이제야 울려 퍼지는 건설장비* 소리들

손길이 머문 곳에 쌓은 정 떼지 못해
생각하는 순간마다 눈물이 맺히지만
새집에 이사를 하여 잘 살 일만 남았다

내일을 생각하며 먼 앞을 내다보자
희망의 새 꿈꾸며 느긋이 기다리자
조급증躁急症
내면 낼수록
부실 공사 자행한다

* 건설장비 : 건설 분야에서 사용하는 장치와 설비.

판문점 흑비둘기

두 정상 서로 만나
판문점에 심은 평화

날아든 흑비둘기
구구구 울어댄다

살얼음
풀린 임진강
한강으로 흐를 때

일흔 해 분단 세월 물이끼 파래져도
부산발 신의주행 KTX가 달리는 날
바위 된
이산의 통한
그마저도 녹으리

침묵沈默

철근은 다 넣어라
육아휴직 보장하라

민초들 목쉰 외침
온 세상 다 깨웠다

그래도
잠자고 있는
무리속의 바윗돌

한심寒心

계란을 한 곳에만 담지마라 일렀건만
소쿠리 넘어져서 성한 계란 하나 없네
밥반찬
한 번 못하고
손가락만 빨았다

소나기 예보 듣고 우산 없이 나선 들길
쏟아지는 양동이 물 피할 길 없었는데
생쥐가 물에 빠진 꼴 누가 봐도 웃을 일

빨간불 깜빡이는 건널목 건너다가
자동차 앞바퀴에 발등이 끼었는데
목숨에
지장 없다고
천만다행 이란다

피고지다

벌 나비 높이 날며
제자리 맴도는 건

꽃들이 찬바람에
지고 있기 때문이다

새롭게
다시 피어날
희망까지 말하며

새들이 잔가지에 옹그려 앉은 것은
매달려 버텨대는 몇 낙엽 때문이다
지난봄
새순으로 핀
그 미련이 남아서

끝없는 꿈

끊어진 숨 가쁜 길 한 고개 넘어서면
송림 속 외딴곳에 숨죽인 작은 암자
불도에 몸 맡기려고 찾아드는 나그네들

살아서 부귀영화 영생불멸 꿈꾸면서
부처가 되고 파서 삼천 배 빌고 비네
모두가 불전에 모여 하염없이 기도한다

이승과 저승까지 다리를 놓아가며
시왕*이 두려워서 악업을 경계하네
마음을 비운다면서 채워가는 욕심들

---

* 시왕(十王): 저승에서 죽은 사람을 재판하는 열 명의 대왕.
(진광왕, 초강대왕, 송제대왕, 오관대왕, 염라대왕, 변성대왕, 태산대왕, 평등왕, 도시대왕, 오도 전륜대왕이다.)

바다에서 살다

샘에서 태어나서 벗은 채 자랐기에
강에서도 옷 입어볼 생각이 없었는데
바다서
처음 입어본
푸른 옷이 헐겁다

바람결 나부끼는 목도리도 부러웠다
아닌 척 숨기면서 수양을 하였지만
기회가 주어진다면 무지개로 입고 싶다

떠돌이 신세라서 모두가 동정해도
고향이 있었기에 견디며 지내왔다
언제든
돌아가야 할
내 고향은 미음 마을

부처

내 곁에 있다 해도
보이지 않았기에

수소문 거듭하며
깊은 산 찾았지만

부처는
돌도 아니고
모습조차 없다네

참선 중 어디쯤에 매듭이 꼬였는지
오가는 계절들은 또다시 스쳐가네
가피加被를
내렸다는데
그것조차 꿈이었나

외모外貌

까마귀가 백로의 옷
빼앗아 입고 보니

입은 옷 제쳐 놓고
속까지 검게 보네

백로가
그런 짓 하면
욕하는 이 없을까

한탄강에서

저 북쪽 하늘 아래 살고 있는 우리 동포
남쪽을 그리면서 지난날을 보냈겠지
허송한
그 많은 세월
어디에서 찾을까

이 강물 어디에서 흘러서 오는 건지
이상한 몸짓으로 무슨 말 하려하네
나도 야 할 말 있었네 만나보자 이제는

생각이 달랐다면 이제라도 역지사지
무조건 만나보고 정이라도 나눠야지
천국만
고집하다가
형제 우애 잃는다

장락 나루터

녹산 장날 장꾼들로 붐비던 그 나루터
돛대에 내린 노을 울 엄마 닮았는데
나루터 없어진 자리 당산나무 외롭다

소판 돈 전대 담아 허리에 찬 울 아버지
장터 소머리국밥 허기를 채우시고
해질녘 불콰한* 미소로 나룻배로 오셨다

머리에 이고 가던 채소도 다 못 팔고
돌아오신 울 엄마도 뱃길로 다녔는데
허공에
울 엄마 있고
나루터는 간곳없네

* 얼굴빛이 술기운을 띠거나 혈기가 좋아 불그레하다.

오장칠부

놀부는 갈비뼈 밑
심술보 차고 났고

핸드폰 MZ세댄
손끝에 무례보*

해 뜨고
달뜨는 것 쯤
개념 없이 살아간다

길 갈 때 사람이나 자전거가 오든 말든
MZ들의 춤추는 손 멈추지 않는다네
신호등
빨강 파랑도
구분 않고 건넌다

* 무례보 : 예의나 준법정신이 결여된 사고방식과 행동양태.

한가을 밤

물결 위 앉은 달님
바람결에 부서질 때

갈대숲 노래 속에
임이 부른 이기대연가[*]

오늘은
누구의 마음
뒤흔들고 있는가

* 작사: 윤주동, 작곡: 박토벤, 노래: 홍수라.

한탄강 재두루미

정다운 잿빛 옷은 언제나 그대론데
부모형제 헤어져서 이념도 바뀌었나
삼팔선 넘나들면서 망향가를 부르네

잊었다 말을 해도 마음은 달려가는
그 세월 70여년 눈물도 말라가네
한 번만
만난다 해도
소원 하나 풀어질까

또 다시 넘어가면 남한의 소식만은
하나도 빠짐없이 확실히 전해다오
그리고
만날 때 까지
잘 살라는 한 마디도

해님 달님

해님은 하늘로만
가는 줄 알았는데

가끔은 깊은 강을
헤엄쳐 건너가네

달님은
그 강에 빠져
헤어나지 못하네

바빴던 발걸음도 쉬어갈 시간인데
어둠에 젖는 달님 수줍음 때문인가
혹시나
해님을 두고
사랑앓이 하는가

환생還生

꿈꾸던 그때처럼 이승 저승 연결하고
후유*에 이르려고 찾아든 부처님 전
풍파에 시달려 왔던 세월까지 펼친다

일생의 희로애락 가슴에 새겨놓고
더 나은 미래 위에 딛고 선 우리 발길
새로이 펼쳐진 세상 꽃이 피고 새가 운다

내 모습 내가보며 부질없단 세상살이
이승이 고향이고 머물러 살 곳이라네
쓴 탈을
벗지 못하고
그 먼 길을 헤맸네

* 후유後有 : 유전윤회의 생사(生死)가 끊기는 마지막 몸.
 수행이 완성되어 불과(佛果)에 이르려고 하는 몸.

> 해설

일곱 번째 고행 비켜선 바람아

이석락

　고시조는 선비들의 단시조가 주류를 이루면서 대체로 효제충신을 주제로한 사대부들의 생활 신념이고 간혹 소년계몽을 주제로 한 내용도 있으나 오늘날 순수 서정시에 비유할 고시조는 흔하지 않다. 선비들은 단순한 언어유희는 시원찮은 시골 훈장들의 말장난이라고 천시했다고 하는데 다산 정약용은 유배지에서 아들에게 보낸 서찰에서 충효 정신을 고양할 의도가 없는 시는 쓰지말라 했다고 한다. 사대부의 시나 시조는 오늘날 말하는 관념시일 수밖에 없다. 오늘날 순수서정시로 사랑받는 기방妓房의 시는 남녀상열지사男女相悅之詞로 시가로서는 대접을 받지 못했다. 사대부의 교양으로 시서회詩書畫를 말할 때 시는 한시를 말하지만 사대부의 연회석상에서는 시조도 읊었는데 이 시조도 한시처럼 인의예지신을 주제로 해야 높이 평가를 받고 인간에게 가장 절실한 남녀 간 사랑 시는 후한 평가를 받지 못했다. 기생들의 단시조가 오늘날 호평을 받는 것은 시대적 지도 이념과 생활 문화 변천 탓이다. 고시조는 단연 단시조였고 연시조, 사설시조, 엇시조는 문학적 가치는 없이 어떤 사건의 기록이나 단순히 놀이마당의 흥을 돋구는 역할밖에 못했다고 보는데, 조선 시대의 연시조는 문학적 놀이용이 아닌 가사로써 전달할 내용이 많은 것을 서술한 것이 대부분이었으니 농가월령가는 열두 달을 다 말해야 하니 서사단락과 결사단락까지 14수(단락)가 되고 강호사시가는 춘하추동 네 수, 오우가는 다섯 친구를 설명해야 하니 여섯 수가 되었다. 조선의 선비들은 단시조만 품격 높은 작품으로 보았고 단시조에서 초장, 중장, 종장의 역할을 분명히 하였으나, 조선 시대의 연시조는 문학적 목적보다는 앞에서 제시한 가사처럼 사건의 시말始末을 단순하게 기록하는 방식이다. 조선 시대의 연시조와 오늘날의 연시조와는 서술 내용과 창작 목적이 판이判異하게 다르다고 할 수 있다.

　윤주동 시인은 단시조를 쓸 때는 종장의 중요성을 살려서 반전을 확실히 확보한다. 그러나 연시조를 쓸 때는 각 수에서는 각 수에서의 반전을, 마지막 수에서는 전체 시조의 반전을 기도企圖하지만 연시조 자체가 분량이 길고 한 가지 주제를 다각도로 풀어서 서술하므로 아무래도 정격 시조가 사활을 거는 긴박감이나 번뜩이는 짜릿함이 주는 맛과 가볍게 툭 치듯 짧아서 날렵한 멋을 명쾌하게 살리지는 못한다. 단시조가 주제를 농축한 것이라면 연시조는 농축된 주제를 희석한 것이므로, 단시조는 소금, 연시조는 소금을 물에 푼 소금물이라 하겠다. 그러나 본 시조집에서 연시조가 많은 것은 윤 시인이 전국 각지에서 골고루 시조 문학상을 받은 것에서 짐작할 수 있듯이, 문학상 응모를 많이 하였기 때문인데 문학상 공모 주체가 현대시조인 연시조를 선호選好하므로 연시조를 쓰지 않을 수 없었기 때문이다.

윤주동 시인의 시조 세계로 들어가 보자.

이웃 간 거리 두어/ 코로나 예방하자
이해는 하면서도/ 딴전만 피우다가
저 기침/ 코로나인가/ 몸이 먼저 피한다
―「거리 두기」 전문

지금은 코로나 무료 예방접종 안내나 강제성을 띤 권유도 사라졌지만, 코로나가 처음 발생했을 때 각국의 정부는 전염차단으로 분주했다. 코로나 환자가 아닌 노인의 임종이 임박했음에도 코로나 확산을 겁내어 병원은 문병을 금했고, 기존의 숙환으로 돌아가신 숙부님의 장례식조차 장례병원 분위기가 혼잡을 삼가 하도록 한다고 상주인 동생이 친척들에게 장례식장에 오지 말고 코로나가 끝나면 그

때 보자고 부탁하였다. 마스크 사용과 손씻기 홍보뿐 아니라 혹시라도 코로나 균에 노출될세라 자녀들의 효도 방문조차 자제하도록 사회분위기를 만들어 갔다(「코로나 명절」 45쪽). 길 가다가 친구를 만나도 손을 잡지 말고 악수 흉내만 내는 인사 방법까지 고안해 냈으니(「코로나 주먹」 63쪽), 코로나 관련 시조가 당시의 생활시가 되어 곧잘 잊어버리는 지나간 일의 역사적 기록이 될 것이다.

이사부 2만 군대 공격을 못 막았고
화랑의 사다함 기병대 기습 공격
소국들/ 서로의 견제/ 대등했던 전투력

신라가 고구려의 광개토왕 군대 들여
김해 지방 공격하고 가야 발전 감시하여
기세의/ 맥을 끊어서/ 가야 연맹 무너졌다

가야 연맹 독립성이 중앙 집권 막았고
긴급한 대외 문제 연맹 간 의견 분분
해결책/ 꾸물대다가/ 긴급 대처 못 했다
　　　　　　　　　　　　 -「가야의 멸망」 전문

시인은 김해평야 출신으로 화려한 가야 역사를 재확인하고 싶어 한다. 가야에는 풍부한 철광 자원이 있었고 신라보다 먼저 철기시대를 열고 연금술이 신라를 앞섰다. 고대 일본이 가야에 와서 선철이나 주철을 수입해 가기도 하였으나 제련 기술이 부족해 한국에서 도일한 가야국 사람들(일본인들이 말하는 도래인渡來人)이 일본에 철기 시대를 열어준 사실들이 한국에서는 삼국 역사에 가려 그 가치가 희석되었고, 일본에서는 한국이 그들의 스승이었음을 감추려 하므로 가야인들의 역사적 활약이 묻힌 것을 아쉬워한다. 신라보다 우수한 철제 무기를 가지고도 신라에 복속된 것은 가야 연맹 각국의 자치권이 강해 강력한 중앙집권을 이루지 못하고 각 연맹국이 개별적으로 외부 세력에 대항하다가 뒤떨어진 철제 무기를 가진 신라군을 막지 못한 것인지, 가야국의 제련술을 탐낸 고구려와 신라 연합군의 장기적 침탈인지 생각해 보게 한다.

> 개울을 건너려고/ 속치마 둘러썼나
> 지나던 길손들이/ 내외를 하는구나
> 여봐요/ 당신들 위해/ 개울 청소 중이요
>
> -「노랑꽃창포」 전문

개울가에 핀 노랑꽃창포 꽃이 서양화에 나오는 여인의 나들이용 모자 같기도 하고 신부가 결혼식장에 너울을 쓰고 들어오는 것 같기도 하다. 잎보다 까마득히 높은 줄기가 맨몸 같아서, 남녀칠세부동석男女七歲不同席이라고 요란을 떠는 한국 정서로는 음란하다고 지나가는 사람들이 애써 고개를 돌리니 억울한 꽃창포 꽃이 항의를 한다. 모두 훤출

하다고 생각하는 꽃창포의 줄기를 알몸 같다고 익살을 떠는 시심詩心과 꽃창포의 변명이 상쾌하다. 평이한 것을 상이하게 보고 상이한 것을 평이하게 보는 눈이 좋은 시를 만든다.

끊어진 숨 가쁜 길 한 고개 넘어서면
송림 속 외딴곳에 숨죽인 작은 암자
불도에/ 몸 맡기려고/ 찾아드는 나그네들

살아서 부귀영화 영생불멸 꿈꾸면서
부처가 되고 파서 삼천 배 빌고 비네
모두가/ 불전에 모여/ 하염없이 기도한다

이승과 저승까지 다리를 놓아가며
시왕*이 두려워서 악업을 경계하네
마음을/ 비운다면서/ 채워가는 욕심들
- 「끝없는 꿈」 전문

연등에 가족의 이름을 적는 기복신앙이 한국 아녀자들의 불심이다. 내 아이가 경쟁이 심한 시험에 합격하게 해 달라고 비는 것은 내 아이 대신 남의 아이가 떨어지기를 비는 행위이다. 이런 비판에 대하여 아녀자들이 "내 아이 복을 비는 것이 나쁜 짓이냐?"고 발끈하면 대꾸할 말을 찾기가 곤란하다. 자식을 먼저 돌보는 것은, 멀리 있는 사람보다는 내 가까이 있는 사람부터 돌본다는 것이기도 하기 때문이다.

  윤주동 시인의 불전에 대한 시들은 남보다는 자신이 더 행복해지려는 개인적 기복 신앙이 아니고, 성불만 어려운 것이 아니라 성불하려는 불자로서의 마음 준비조차도 어려움을 말한다. 선인先人이 제행무상諸行無常, 제법무아諸法無我, 일체개고一切皆苦라고 알려주어서 그 길을 따라가려 해도 몸이 지치고 몸에 밴 사심私心이 그 가르침을 따라가도록 놓아주지 않음을 한탄한다. 법문을 들으면 이해가 가도 실행하려면 당장의 먹고사는 일에 매여 습관화된 생활을 벗어나지 못한 것을 「표리부동」(15쪽)에서 고백하는데 이는 윤 시인만의 이야기가 아니라 모든 사람이 행하는 일이다. 이것을 사람의 의지 부족 탓이라고 나무라기만 할 수는 없지 않은가!

  「믿음의 길」(89쪽)에서는 어리석은 중생이 가피를 받고도 깨닫지 못하고 더 큰 욕심을 부리고,「수행의 길」(100쪽)에서는 수행을 해도 진척이 없음을 말하고,「백팔배」(92쪽)는 간절한 수행을 하면서도 자기의 정성이 부족함을 걱정하고,「끝없는 꿈」(118쪽)에서는 신앙의 청정심淸淨心보다 목숨 유지의 사심私心이 강함을 한탄한다.

    이른 점심 먹고 나서 붕어의 배를 땄다
    요양원 어머니의 오늘 저녁 반찬이다
    유달리/ 좋아하시는/ 붕어찌개 씨래기

오늘도 봄 개울에 붕어낚시 열심이다
목덜미 스쳐가는 애교 같은 간들바람
물결에/ 내 어머니의/ 진한 미소 흐른다

아들은 몰라봐도 붕어찌개 알아낸다
계절은 못 느껴도 옛 맛은 알고 있다
어머니/ 바람 불어도/ 촛불만은 지켜가요

-「사랑의 끈」전문

    주자 십회의 첫번째 항목은 불효부모사후회不孝父母死後悔이고 공자는 효자백행지본孝者百行之本이라 하여 인간이 지켜야할 가장 큰 덕목을 효라고 보았 다. 퇴계의 효자백행지원孝者百行之源이나 율곡의 효자백행지도孝者百行之道는 모두 공자의 말과 같다고 하겠다. 효孝가 넘쳐서 충忠이 되고 의義가 된다는 말은 자비도 용서도 효에서 파생한 것이라는 말이라고 할 수 있겠다. 이렇게 말하면 효가 범인이 범접 못할 높은 것 같지만 부모를 기쁘게 하되 나쁜 길로는 가지 않게 하는 것이므로 필부도 충분히 효를 행할 수 있다고 보아야 한다.
    윤 시인은 쉴 수 있는 시간에 쉬지 않고 손수 붕어를 낚아다가 아내에게 붕어 찌개를 만들게 하는, 사심도 거들먹거림도 없는 정성과 공경, 순수한 사랑으로 효를 실천한다. 「울엄마」(39쪽)나 「장락 나루터」(123쪽), 「해당화」(87쪽) 역시 요란스럽지 않은 효심이 보이는데, 이 효심은 남을 의

식하여 보여주기를 하고 대가를 얻으려는 가식적인 효가 아닌 진실한 효, 바로 공자님이 말씀하신 효의 실행이다.

> 풋풋한 여린 잎에/ 봄맞이 갖은 양념
> 조물조물 섞어내는/ 쟁반 위 아내 손맛
> 아, 거기/ 엄마모습이/ 새록새록 살아난다
> —「부추김치」전문

 대가족 제도인 한국 남자는 입맛이 세 번 길들여진다고 한다. 첫째는 엄마 손맛이고 두 번째는 마누라 손맛이고 세 번째는 며느리 손맛이라 한다. 아내가 만든 부추김치는 시어머니에게 배운 솜씨라고 해도 엄마의 손맛과는 미세하게는 다를 것이다. 아내에 대한 사랑이 없다면 아내가 만든 반찬에는 반찬 본래의 의미만 있지, 그 반찬이 엄마 생각을 불러내지는 못했을 것이다. 착한 심성이 일어났을 때 착한 일을 하고, 아름다운 것을 보았을 때 사랑하는 사람이 생각난다. 시 '부추김치'에서 아내에 대한 사랑과 엄마에 대한 사랑이 돋보인다. 부부 금실에 대한 아름다운 감흥이「십이령 바지게꾼」(102쪽)에서도 나타난다.

> 깊은 산 바윗돌도 붓 끝에서 총칼 되니
> 한 자루 붓이 있어 두려움 없으리라
> 선비여/ 휘둘러가라/ 천군만마 따로없다

서쪽에 지는 해도 동쪽을 불태웠다
젊음이 제자리에 머물 길 바라는가
선비여/ 거경집의居敬執義로/ 닦은 길도 천리라네

세상사 복잡해도 헤쳐 가며 걸어 온길
한 번씩 돌아보면 후회도 있겠지만
선비여/ 두려워마라/ 붓 한 자루 있잖은가

- 「선비의 붓」 전문

　윤 시인은 남명문학상 전국 공모에 시조로 응모하여 최우수상을 받았다. 그때 남명 선생의 생애에 대하여 공부하면서 느낀 것을 시조로 쓴 것이 여러 편 있다. 펜은 칼보다 강하다고 말하지만, 권력은 총구에서 나온다는 말이 더 믿어진다. 그런데 굳이 펜이 강하다는 말이 왜 살아 있을까. 무력으로 만든 업적은 시대가 바뀌면 추한 권력자의 욕망과 처참한 비윤리적 사실이 밝혀지지만 글로써 이룬 업적은 인권과 생명 윤리 확보의 실적에 변함이 없기 때문이다. 선비의 붓에 의지한 가르침에 감화된 젊은이들이 적의 막강한 무력을 피로써 저지한 사실을 공부한 시인은 붓이 조총보다 강하다는 진실을 말한다. 남명문학상 전국 공모에 응모한 여러 편의 시조 중, 「철갑 장송」(68쪽)의 '무적 장송'은 남명 조식 선생이고 '임'은 조선 선조 임금인데 임진, 정유 두 번의 왜란 때 남명 선생의 문무겸비 가르침을 받은 남명 선생의 제자들이 가장 먼저 의병을 일으키고 천강 홍

의장군 곽재우를 비롯하여 가장 많은 의병장을 배출한 위업을 무적 장송으로 읊었다(시조 「철갑 장송」 제1연 초장).

> 두 정상 함께 심은 나무 위 저 비둘기
> 오늘도 변함없이 화합노래 불러주네
> 한마음/ 꽃필 봄날은/ 어디쯤에 오고 있나
>
> 견뎠던 비바람이 눈보라 되어 와도
> 꿋꿋한 저 소나무 얼마든지 견디는데
> 오는 봄/ 보이지 않고/ 소리만은 요란하다
>
> 비둘기 노래 소리 하늘에 메아리로
> 오늘도 어제처럼 자꾸만 퍼지는데
> 남북이/ 통일 아리랑/ 부를 날도 오겠지
> ―「판문점 저 비둘기」 전문

시인은 남북 정상회담을 보면서 이산가족의 한을 되살펴 보고 이념의 견고함을 걱정한다. 인척의 최소한 교류도 허용하지 못하는 이념 우선주의(「한탄강 나그네」 70쪽), 그 이념수호의 궁극적 목적은 인간적인 사회건설이 아닌 독재자의 권력 세속 욕구가 아닌가! 남북 정상이 공동 식수를 한 소나무도 아직은 밝은 조짐이 없지만 칼의 바람이 빨리 풀 위를 지나가고 평화와 화합이 이루어지기를 갈망한다. 김수영 시인이 그의 시 「풀」에서 말했듯이 바람인 독재자의 무력이 지나가면 독재자의 무력에 짓눌렸던 풀인 인민의 인권이 살아나리라.

이번 제7시조집에 단시조와 연시조가 섞여 있지만 단시조가 연시조보다 시조의 감흥을 제대로 살린 점에 독자들이 유념해야 할 것이다. 연시조는 시조의 특장점을 잃고 이미 세계화된 자유시 풍을 내려 한다. 그러나 시조의 음수율과 형식에 묶여 자유시만큼의 시상 전개를 할 수 없어 세계 문단에 두각을 내지 못할 것이지만 단시조는 세계문단에 우뚝 선 하이쿠도 갖지 못하는 특징이 있다. 가장 한국적인 특징을 가장 세계적인 것으로 만드는 것이 세계 무대에 나서는 길이 될 것이다.

윤주동 시인은 시조 창작에서 음수율과 음보율도 대다수의 현대시조 시인보다 엄격하게 지켜서 시조를 읽는 사람의 율동감을 훼손하지 않고, 다른 장르의 운문이 신경 쓰지 않는 종장의 반전으로 독자가 의외의 상황 전개에 희열을 느끼게 한다. 윤 시인이 청년 시절부터 노랫말을 쓰고 있다가 시조로 등단한 지 1년도 안 되어 전국 공모 모래톱 문학상에서 시조 부문 최우수상을 받은 것은 오랜 경험에서 체득한 노랫말로써의 음악성이 시조의 핵심인 반전과 쉽게 조화를 이룬 것이라고 누구나 생각할 수 있으나, 창작은 외롭고 고단한 작업이다. 시상 표현에 맞는 시어를 못 찾으면 단잠을 이루지 못하여 자다가 일어나 사전을 뒤적이고 AI를 호출하여도 찾는 시어는 없더라고 하니, 문득 떠

오른 시상 하나를 살리려고 얼마나 피와 살을 말렸는지를 알아야 한다. 이 어려운 고행으로 몇 년 사이에 일곱 권의 시조집이 나온 것은 경의敬意의 대상이다.

  이 시집의 단시조 「우수」, 「초로의 계절」, 「늦가을」, 「달님의 요요병」, 「한가을 밤」을 특히 시조 입문자들에게 추천한다.

| 이석락(李錫洛) |
계간 ≪청옥문학≫ 편집주간
시, 디카시조, 수필 등단
시집 『도정법』 외 9권, 디카시조집 『그럴 리가』

윤주동 제7시조집
비켜선 바람아

인쇄일: 2025년 7월 15일
발행일: 2025년 7월 20일

지은이: 윤주동
펴낸이: 최경식
펴낸곳: 청옥출판사
인쇄처: 세종문화사

출판등록 제10-11-05호
E-mail: sik62001@hanmail.net
전화: 051-517-6068

값 12,000원

ISBN 979-11-91276-79-4 03810

* 이 책의 무단전재 및 복제행위는 저작권법에 의거, 처벌의 대상이 됩니다.